カギのないトビラ

あなたのままで幸せになる 12の物語

河田真誠　牛嶋浩美・絵

CCCメディアハウス

> これは、あなたの物語。

あなたの幸せは、あなたの心の扉の中にあります。

自分だけの幸せに気づき、
最高の人生を自由に紡いでいけるように
本当の幸せに気づかせてくれる12の物語と
自分の心と対話するための365の質問をお届けします。

毎日は忙しく流れていくけれど、
少し立ち止まって心の扉を開けて、
自分自身とたくさんお話をしてください。

あなたの幸せが、あなた色に輝き始めることを願って。

| はじめに | これは、あなたの物語 | 3 |

プロローグ	幸せが迷子……	6
トビラ1	幸せ上手な青い鳥	10
トビラ2	カエルと雨に打たれて	14
トビラ3	カラスの憧れ	18
トビラ4	クマの好み	22
トビラ5	ハリネズミの苦悩	26
トビラ6	遠慮しらずの太陽	30
トビラ7	ヤドカリの強さ	34
トビラ8	ネコの気まぐれ	38
トビラ9	イモムシの夢	42
トビラ10	ナマケモノの楽しみ	46
トビラ11	知りたがりのブタ	50
トビラ12	キリンでも見えない道	54
エピローグ	そして日常に	58

PART 1

あなたのままで幸せになる12の物語

ようこそ、自分を知る旅へ	66
使い方＆大切なルール	67
テーマ1	小さな幸せを見つける質問	69
テーマ2	イヤをイイに変える質問	77
テーマ3	自分の魅力を知る質問	85
テーマ4	好きを知る質問	93
テーマ5	人間関係を整える質問	101
テーマ6	「与える」を考える質問	109
テーマ7	ぶれない自分でいるための質問	117
テーマ8	本音で生きるための質問	125
テーマ9	悩みと友達になる質問	133
テーマ10	夢を見つける質問	141
テーマ11	世界を広げる質問	149
テーマ12	未来を創造する質問	157
最後の質問		165

| 自分の人生に夢中になろう | 166 |

PART 2

自分の心を旅する365の『しつもん日記』

PART

1

あなたのままで
幸せになる
12 の物語

プロローグ
幸せが迷子……

ここはどこだろう？

ふと目が覚めると、そこは知らない街だった。
寂しさや怖さはなく、懐かしくて暖かい気持ちに包まれる。

空は吸い込まれそうなほど青く、
木々は太陽に届きそうなほど背伸びをしていて
鳥のさえずりが絶え間なく聞こえてくる。
行き交う人々も、みんな笑顔で楽しそうだ。

とっても心地よい街だけど、
ひとりも知り合いはいないし、困ったな。

どうしよう……

キョロキョロしてると、おじいさんが手招きしてきた。

「いらっしゃい。
この街に来たということは、幸せが迷子になっておるな。
いつも誰かの目を気にしたり……。
自分の本音をごまかしたり……。
友達を見ては羨ましがったり……。
将来に不安を感じたり……。
自分に自信が持てなかったり……。
そんなところじゃろ?」

「そんな言い方しなくても……」と思うけれど、
図星なので言い返せない。

「よいよい。君は『自分』を忘れているだけなんじゃ。
ここにある12の部屋には、楽しい住人がそれぞれおるから、
順番にたずねてみるといい。
彼らと話すと、大切なことを思い出すじゃろう」

こうして、私の奇妙な旅は始まった。

8

トビラ1
幸せ上手な青い鳥

おそるおそる1番めのトビラを開けると、
青い鳥たちがとっても楽しそうに歌っていた。

「ご機嫌なのね!」大きな声で話しかけてみた。

「そうだよ!　僕はいつもご機嫌なんだ!　君は?」

「私はいつもそうじゃないわ。
イヤな人もいるし、やりたくないこともあるし、
あなたみたいに陽気ではいられないの」

「じゃあ、君はいつまでも幸せにはなれないね」

「えっ、そうなの?」

「幸せは、とってもシンプルなことなんだ。
幸せな人は『幸せ』を見つけるのが上手で、
そうじゃない人は『不幸』を見つけるのが上手なだけなんだ！」

「そうなんだ！　私は、ダメなところばかり見ているから、
いつまでも幸せになれないってことなのね」

「そうだよ！　幸せは『なる』ものではなく『感じる』もの。
毎日に幸せを見つけられないと、どんな状態になっても、
幸せは感じられないよ。
逆に幸せを見つければ、今すぐご機嫌になれるんだ！」

「これからも、幸せ上手でいるために、
『今日は、どんないいことがあった？』という
質問をプレゼントするから、毎日答えてみてね」

青い鳥の教え

すでに、たくさんの幸せに包まれていることに気づいてごらん。

あなたへの質問

今日は、どんないいことがあった？

トビラ2
カエルと雨に打たれて

青い鳥は、「いつでも幸せになれる！」って言っていたけど、
毎日、やりたくないことだってあるし、
そんなにカンタンじゃないよね……。

そう思いながら2番目のトビラを開けると、雨が降っていた。

「もう最悪だ……傘もないのに……」と下を向いていると、
部屋の奥から、全身ずぶ濡れのカエルが
「雨って、サイコー！」と踊りながら現れた。

「一緒に踊ろうよ！　雨のダンスは楽しいよ！」

「いや……　雨、嫌いなんだよね……　濡れちゃうし……」

「今日は雨なんだから、雨を楽しんだほうがいいよ！
どうしても変えられないものは、たくさんある。
でも、それを楽しいものにするかどうかは、君次第だ」

「でも……」

「これをあげるよ！」
カエルがくれた傘は、とってもかわいくて、
差しているうちに「雨も悪くないな」って思えてきた。

「ほら、『嫌い』はカンタンに『好き』に変わるだろ？
他人や過去とか、変えられないことはたくさんある。
でも、自分のとらえ方は変えられるんだ。
君がイヤだと思うことを楽しめている人もいる。
自分で楽しくしていかないとね」

そうしてカエルは、「嫌いの中にある『好き』は何だろう？」
という質問をプレゼントしてくれた。

「ありがとう」と受け取りつつ、
せっかくだから雨の中、カエルと踊っていくことにした。
雨に濡れるのも気持ちいいものだ。

カエルの教え

変えられないものの中に、好きを見つけるといいよ。

あなたへの質問

嫌いの中にある「好き」は何だろう？

トビラ3
カラスの憧れ

カエルは、「変えられないものは、とらえ方を変えろ！」
って言っていたけど、やっぱり納得できないことがある。

私は、すらっとしたスリムな体型がよかった。
明るい性格で仕事も勉強もできて、しかもおしゃれで……。
それなら人生も違っていただろうな……。

ブツブツ言いながら、3番目のトビラを開けると、
真っ黒なカラスがいて、
「あなたって、とっても素敵ね！」と言ってきた。

「そんなことないよ。背も低いし、かわいくもないし……」

「あら、もったいない！　そんなに素敵なのに、
これからも『私はダメだ……』って生きていくの？」

「でも……」

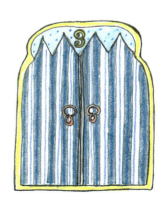

「自分嫌いだった私は美しいクジャクに憧れて、
黒い羽を染めてみたわ。
でも、どうやってもクジャクにはなれなかったの。
でも、ある日、クジャクが私を見て、
『なんて素敵な黒なの！　とても美しいわ！』って、
私に憧れたのよ」
カラスは顔を赤くしてる。

「それで『私は私でいいんだ』って心から思えたの。
あなたも、あなたのままで素敵なの！
ないものねだりではなく、持っているものを大切に、
最高の『あなた』を生きてね」

カラスは自慢の羽を手入れしながら、
「あなたの素敵なところは、どこですか？」という質問をくれた。

カラスの教え

ないものに憧れるのではなく、最高の自分になってね。

あなたへの質問

あなたの素敵なところは、どこですか？

20

トビラ4
クマの好み

背の高い友達が「私みたいに小さくなりたい」って言ってたな。
みんな、ないものねだりなんだって思うと、
急におかしくなってきて、お腹もすいてきた。

おいしい食べ物があるといいなと4番目のトビラを開けると、
大きなクマが座っていた。

「いろんなハチミツがあるから、好きなのを食べていいよ」

たくさんあって迷ったので、
「どのハチミツが人気なの？」と聞いてみた。

すると、クマは急に怒ったような顔をして、
「おいしいかどうかを決めるのは君なんだから、
君が食べたいものを選べばいい。
人の意見を気にする必要はないだろ？」と言ってきた。

クマの言う通りだ。大切なのは「自分の気持ち」だ。

「自分で決めないから、グチや不満になるんだよ。
他人の意見はヒントであって、答えではないんだ。
自分の気持ちに素直に決めればいいんだよ」
クマは大きな体で小さなハチミツを舐めながら教えてくれた。

たくさん試食したら、それだけでお腹がいっぱいになったけど、
自分がどれが好きかはよくわかった。

クマから「心の声は、なんて言ってる？」という質問をもらったから、
もっと自分に優しくできる気がしてきた。

ワマの教え

他人の声ではなく、自分の声を大切にしてね。

あなたへの質問

心の声は、なんて言ってる？

トビラ5
ハリネズミの苦悩

お腹もいっぱいになって、元気よく5番目のトビラを開けたら、
ハリネズミがいて、体を丸めて背中のトゲトゲを見せてきた。

「僕を見て、どう思った？」

「なんか機嫌が悪そうだから、近づきたくない！」と答えると、
ハリネズミはトゲをしまい、今度はやわらかそうなお腹を見せてきた。

「今度は、どんな気持ち？」

「フレンドリーな感じ。友達になりたいな」

「おもしろいよね。
僕がトゲを見せると君はイヤな気持ちになって、
僕が優しさを見せると君も優しくしてくれる。
人間関係って、こうやってできてるんだよ」

ハリネズミが「鏡の自分は先に笑わないよね」と言ってきた。

イヤな人間関係を今まで相手のせいにしてたけど、
本当は私がつくってたんだ。
先に自分がやったことがそのまま返ってきてたんだね。
これからは自分がそうされたいように、周りを大切にしよう！

ハリネズミが「周りの人を、どんな気持ちにさせたい？」
という質問を笑顔でプレゼントしてくれた。

気持ちひとつで人間関係がよくなるなんてビックリだ。

ハリネズミの教え

自分が与えたものだけが返ってくるんだよ。

あなたへの質問

周りの人を、どんな気持ちにさせたい？

トビラ6
遠慮しらずの太陽

ハリネズミの「人間関係の秘密」は目からウロコだった。
イヤな関係を自分がつくっていたなんて……。

「自分が欲しいものを先に与えるといい。
優しくされたいなら優しくすればいいし、
愛されたいなら愛することだよ」
なんて言ってたけど、
重いって思われないかな……。
自分から押し付けるのもイヤだしな……。

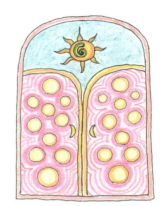

そんなことを思いながら6番目のトビラを開けると、
さんさんと輝く太陽がいて、
「僕のこと好き？　いなくなったら困る？」って聞いてきた。

「大好きよ！　いなくなったら困るわ。あなたのおかげで、
毎日を気持ちよく過ごせているの！　感謝してる！」
まぶしいので、目を細めて答えた。

「でもさ、夏の暑い日なんて僕のことがイヤになるだろう？」

「そんなときもあるけど、私が木陰に入ればいいだけだよ」

「君も同じだよ。君はやりたいことをやればいいんだよ。
それを欲しい人は受け取るし、
いらない人は受け取らないだけのことなんだ」

「なるほど！
私は、どう思われるかが気になって遠慮ばかりしてたけど、
それだと何もできなくなって、関係が深まらないの。
これからは、いいと思うことを素直にやってみるわ！」

太陽はにっこりと笑って、
「目の前にいる人を喜ばせるために、何ができる？」という質問をくれた。
これは、いつも心に刻んでおこう。

太陽の教え

遠慮することなく、自分からいい関わり合いをしてね。

あなたへの質問

目の前にいる人を喜ばせるために、何ができる？

32

トビラ7
ヤドカリの強さ

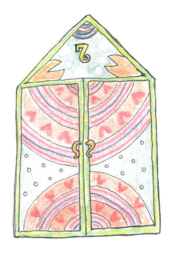

7番目のトビラの向こうには砂浜が広がっていて、
ヤドカリが大きな殻を引きずりながら歩いてきた。

「ねぇ、君も他人から粗末に扱われたり、いじわるをされたり、
イヤな言葉を浴びせかけられたりすることある？」

「うん、あるよ」

「そんなときにはどうしているの？
僕は、この殻に入ることにしているんだ。
相手がいくらいじわるをしても、僕が受け取らなければ、
イヤな気持ちにならなくていいからね！」

「本当だ！　いつもご機嫌でいたいのに、
それを邪魔されるのもイヤだもんね。
でも、私には殻がないけど、どうすれば、
イヤなものを受け取らなくてすむんだろう？」

「それはカンタン！　愛おしい気持ちを持てばいいんだよ。
モタモタしてる人がいたらイライラするだろう？
でも、『私もモタモタすることがあるから、ゆっくりで大丈夫だよ』
と思えると、穏やかな気持ちでいられる」

「そっか。相手がどうであれ、私が感じよく受け取りさえすれば、
いつも幸せな気持ちでいられるんだね」

「そうだよ！　愛おしい気持ちで周りと関われば、
いつも幸せでいられる」

ヤドカリは、大きなハサミをカチカチさせながら
「愛おしいポイントはなんだろう？」という質問を
プレゼントしてくれた。

ヤドカリの教え

愛おしい気持ちを持てば、いつもいい気持ちでいられるよ。

あなたへの質問

愛おしいポイントはなんだろう？

トビラ8
ネコの気まぐれ

8番目のトビラを開けると、やわらかな日差しの窓際で、
ネコが丸くなって寝ていた。
とっても気持ちよさそうなので、隣で一緒に寝ることにした。

しばらくすると、ネコはゆっくりと背伸びをし、
小さな声で語り始めた。
「ねえ、『こんなに心地いいのって久しぶり！』とか思ってる？」

「あ……　たしかに言われてみれば……」

「君は本当にやりたいことをやってる？
毎日が『すべきこと』で埋まっていたり、他人の目を気にして、
やりたいことをガマンしたりしてない？」

「そうだけど……　でも、生きていくためには仕方ないの。
人生ってそんなものよ！」と、鼻をふくらませて言い返した。

「そうなんだ、かわいそうに……」

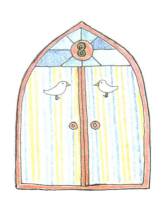

「僕は、自分が心地よくいることに全力を尽くしてるよ。
君は、『期待に応えなきゃ……』とか、
『どう思われるかな……』って、人のことを考えるでしょ。
それがグチや不満になるんだ。
君も、もっとわがままになればいいんだよ」

「でも、わがままを言うと嫌われない？」

「えっ！　自分の気持ちを隠すような人と友達になりたい？
それに楽しく仕事や勉強をしてる人のほうが、
いい結果を出していると思わない？」

ネコは毛づくろいしながら、
「心から湧き出てくる想いは何？」という質問をくれた。
「自分らしく」と言われてもよくわからなかったけれど、
心のままに生きていけば、
それが自分らしいってことになるんだな。

ネコの教え

わがままに、自分の心地よさを大切に生きてね。

あなたへの質問

心から湧き出てくる想いは何？

40

トビラ9
イモムシの夢

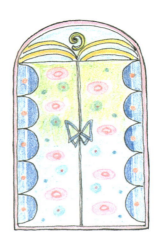

私もネコみたいに「自分を持っている人」でいたいから、
さっそく「今、やりたいことは何だろう？」と、自分に問いかけてみた。

お腹もいっぱいだし、お昼寝もしたし、今やりたいことは、
9番目のトビラを開けることだな！

部屋の中では、イモムシがクネクネしながら、
「いいときに来たね！　今、僕は人生の大きな壁に
ぶつかっているところなんだ」と言ってきた。

「壁？」

「そう、君も人生で大きな壁にぶつかることがあるだろう？
その壁さ。もう最高に嬉しくて！　今日はパーティだよ！」

「え、なんで壁が嬉しいの？　悩みがないほうが幸せでしょ？」

「壁は大切だよ！

だって僕は、このままだと空を自由に飛べないんだ。

チョウチョになるために、

僕は『サナギ』という壁を乗り越えなきゃ」

たしかに、やりたくても今の私ではできないことがたくさんある。

「草木もザアザア降りの雨を浴びて育っていくんだ。

目の前の壁を面倒なことと見なすのか、

成長のきっかけにするのかは自分次第なんだ」

サナギになる準備をしながら、

イモムシは「その悩みの先には何がある？」という質問をくれた。

悩みがあるときに答えるといいらしい。

イモムシの教え

悩みは無二の親友。成長のきっかけをくれるよ。

あなたへの質問

その悩みの先には何がある？

トビラ10
ナマケモノの楽しみ

悩むことも悪くはないと思うと、とても気持ちが軽くなった。
鼻歌を歌いながら10番目のトビラを開けると、ナマケモノがいた。

ずっと枝にぶら下がっていたんだろう。
休みの日の私みたいだ。
「次はあれをしよう！」って思うんだけど、
いざとなると、何のやる気も起きずにダラダラしてしまう。
そして、夜には「もったいないことをしたな……」と思うんだよね。

「ダラダラしてて羨ましい？
僕はね、できるだけラクをしたいんだ。
できるだけ寝ていたいし、
がんばるのも、面倒なことに巻きこまれるのもイヤなんだ」

「その気持ち、よくわかる！
私もそんな毎日がいい！」

「でもさ……」

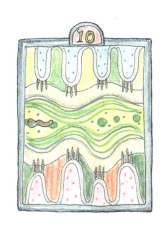

「ダラダラするのって、すぐ飽きちゃうんだよね。
イモムシがさ、『壁を喜べ！』って言うでしょ。
前は面倒だなと思ってたんだけど、
最近、その気持ちがわかるんだよね。
壁はラクではないけど、楽しいよね！」

そっか、「ラク」と「楽しい」って違うんだ。

「逃げることが大切なときもあるけど、
人生のどこかで乗り越える楽しさを覚えないと、
いつまでも逃げ続けることになるよ」

ナマケモノが勢いよく近づいてきて、
「もし、なんでも叶うなら何を叶えたい？」
という質問をプレゼントしてくれた。

ナマケモノの教え

ラクと楽しいは違う。チャレンジする楽しさを知るといいよ。

あなたへの質問

もし、なんでも叶うなら何を叶えたい？

トビラ 11
知りたがりのブタ

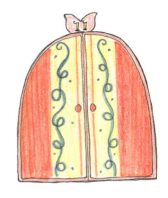

「楽しいことにチャレンジしていこう!」とは思っても、
何をやりたいのかが、よくわからない……と、
11番めのトビラを開けた。

大きなブタがトウモロコシをおいしそうに食べながら、
「君の一番好きな食べ物は何?」って聞いてきた。

「豚肉……」とは言えずに、「ハンバーグ!」と答えた。

「君は、世界中のおいしいものをたくさん食べたことある?」

「いや、いつも同じお店だけど……」

「そうなの? いろんな物を食べたことないのに、
なんで一番がわかるの?」

うっ……
ここの住民たちは、みんな心にグサッとくることを言ってくる。

「メニューが1つだと、それを選ぶしかないけど、
たくさんあると、納得したものを選ぶことができる。
そうすると、そこに覚悟も生まれるよね」

自分で納得して選んでいないから、すぐにグチを言ったり、
他の人を羨ましく思ったりするのかも。

「経験していることが増えるほどに、自由になっていく。
それを『豊か』っていうんだよ」

ブタは、また何かを食べながら、
「今日は、どんな新しいことをやってみる？」
という質問をプレゼントしてくれた。

私もたくさんの人に会ったり、新しいところに行ったりしてみよう。

ブタの教え

いろいろな経験をすると、未来が自由になるよ。

あなたへの質問

今日は、どんな新しいことをやってみる？

トビラ12
キリンでも見えない道

人生には、まだ経験していないことのほうが多くて、
それがすべて未来の可能性だと思うと、
ほんとにワクワクしてくるな。

でも、選択肢が増えると、
「どっちを選べばいいか」で悩んでしまうと思いながら、
最後のトビラを開けると、大きな大きなキリンが立っていた。

「僕の首が長い理由は、
高いところにある草を食べるためだと思ってる？
本当は違うんだよ」

「え！　そうなの！？」

「僕は、ずっと迷ってばかりだったんだ。
それじゃダメだと思って、
遠くまで見えるように、首を長くしたんだ」

「今の私と同じだ！」

「でも、どれだけ首を伸ばしても未来は見えなかったんだ。
どっちの道が正しいかなんて、やってみないとわからないんだよ」

「なるほど！　じゃあ、どうやって進む道を決めればいいの？」

「未来を知ることはできないけれど、自由につくることができる。
『正しい道を選ぶ』のではなくて、
『選んだ道が正しくなる』ように生きていけばいいんだよ。
そのためには、自分の心に素直に、ワクワクする道を選べばいい」

そう言ってキリンは、高いところにある葉っぱを食べながら
「ワクワクする選択は何ですか？」という質問を
プレゼントしてくれた。

キリンの教え

ワクワクする道を選んで、その道が正しくなるように生きていけばいい。

あなたへの質問

ワクワクする選択は何ですか？

そして日常に

12の部屋はすべて楽しかった。
モヤモヤっとしていたものが、一気に晴れた気持ちだ。

「旅はどうだったかな？」と、
どこからともなくおじいさんが現れた。

「とっても楽しかったわ！　いろいろと悩んでいたけど、
答えはすべて自分の中にあることに気づいたの」

「それは素晴らしいことだ！
とうとう『自分』を取り戻せたようじゃの」

「うん！　みんなの幸せや成功と違ってもいいから、
自分の心に正直に生きよう！　と思った。
そして自分で自分を幸せにしてあげようって思ったよ！」

「ほほほ、いい心がけじゃ」

「ところで、ここはどこなの？」

「未来の地球じゃよ」

「そうなの!?」

「この時代は、誰もがストレスなど抱えずに人生を満喫しておるぞ。
『自分らしく』なんて言葉もなくなってしまった。
なぜなら、みんなすでに自分らしく生きておるからのぉ」

「いいなー！　みんな、それで悩んでいたのに！
でも、どうやって？」

「それは、君のおかげじゃよ！　君が元の世界に帰って、
自分を大切に生きることを実践して、
多くの人に広げていったんじゃよ」

「そうだったの！　じゃあ、早く元の世界に帰らなきゃ！」
そう思った瞬間に、あたりは暗闇に包まれた。

目が覚めると、自分のベッドの中だった。

「あ、帰ってきたんだな」

世界は何も変わっていないし、
これからも同じ毎日が繰り返されるのだろうけど、
心は晴れやかだ。

ふと、横を見ると、
そこにはかわいい日記帳と手紙が置いてあった。

「この『しつもん日記帳』を君にプレゼントするよ。
毎日1つずつ質問に答えて、自分上手になるんじゃぞ」

よし！　もっと自分を大切に生きていくために、
まずは自分を知ることから始めていこう！

PART

2

自分の心を
旅する
365の
『しつもん日記』

ようこそ、
自分を知る旅へ

自分の心が望むように生きていけばいいのに、
その「自分の心」がわからないから、
つい他人の意見や顔色をうかがってしまう。
それでは本当の幸せは得ることはできません。

そこで、自分を深く知るために
「質問」をたくさん用意しました。
鏡があれば、自分の顔を見ることができるように、
質問があると、自分の心を見ることができます。

質問は365個あるので、
1日1問ずつ答えていけば、
1年間楽しむことができます。
日記代わりに、
毎日楽しんでもらえると嬉しいです。

毎日、少しずつ自分のことがわかってきますよ！

使い方 & 大切なルール

【やること】

○ １日、１問、質問に答えていくだけ。

○ はじめからでも、好きなページからでも OK。

○ 一言メッセージを読むだけでも OK。

【大切なルール】

① 答えは紙に書き出す。

② どんな答えでも OK。

③ 答えが出なくても OK。

④ 前向きに楽しむ。

【もっと楽しむために】

① 友達と答えを伝え合おう。

② いろいろな人の答えも見てみよう。

　　視野が広がって楽しい*。

では、自分の心を知る旅に出かけよう！

＊みんなの答えもシェア中！　http://shinsei-kawada.com/365

自分の心を旅する
365の『しつもん日記』の内容

テーマ 01
小さな幸せを
見つける質問

テーマ 02
イヤをイイに
変える質問

テーマ 03
自分の魅力を
知る質問

テーマ 04
好きを知る
質問

テーマ 05
人間関係を
整える質問

テーマ 06
「与える」を
考える質問

テーマ 07
ぶれない自分で
いるための質問

テーマ 08
本音で生きる
ための質問

テーマ 09
悩みと友達に
なる質問

テーマ 10
夢を見つける
質問

テーマ 11
世界を
広げる質問

テーマ 12
未来を
創造する質問

テーマ

01

小さな幸せを
見つける質問

幸せはなるものではなく感じるもの。

幸せな人は、幸せを見つけるのが得意で
幸せではない人は、不幸を見つけるのが得意なだけ。

幸せに気づければ、今すぐ幸せでいられるし
幸せに気づけないと、どうなっても幸せにはなれない。

毎日の中に、どれだけ多くの幸せがあるかを
一緒に見つけていこう。

001 → 005

NO.001

Q あなたらしさって何ですか？

自分らしく生きるとは、自分を知り、世界を知り、
自分で決めていくこと。

NO.002

Q 毎日の中にある小さな幸せは何ですか？

足元にある幸せに気づくことが、幸せへの第一歩。

NO.003

Q 今日はどんないいことがありましたか？

いいことがあったから幸せなのではない。
幸せでいるからいいことが起こっている。

NO.004

Q 最近、どんな楽しいことがありましたか？

楽しい心の人に、幸せも引き寄せられる。

NO.005

Q 今日は、どんな「ありがとう」がありましたか？

「ありがとう」を見つけるたびに、心が満たされる。

006 → 010

NO.006

Q 最近、どんな嬉しいことがありましたか？

嬉しいことは、自分がまいた種が実った証。

NO.007

Q 毎日をご機嫌にしてくれるものは何ですか？

そこにあるだけで、ニヤっとできるものを
コレクションしよう。

NO.008

Q 今、ときめいていることは何ですか？

心を楽しませるものは、目をこらして探さないとね。

NO.009

Q 自分にどんな「ありがとう」を言いますか？

時には、自分をねぎらおう。よくやってるよね。

NO.010

Q 周りの人に、どんな「ありがとう」を言いますか？

「ありがとう」の循環は、自分から生み出そう。

011 → 015

NO.011

Q 過去の自分に、自慢したいことは何ですか？

自分の手でつくり上げてきた幸せが、ここにある。

NO.012

Q どんなときに、心がふわっと満たされますか？

どれだけ自慢できるかよりも、
どれだけ心が満たされるかだよ。

NO.013

Q どうすれば、心はもっと満たされますか？

心も体も充電しなきゃね。スマホと同じ。

NO.014

Q 最近、ワクワクしてることは何ですか？

ワクワク感が、「こなすだけの毎日」に彩りを添えてくれる。

NO.015

Q 自分のどんなところが好きですか？

もっと自惚れていい。許し、受け入れていこう。

016 → 020

NO.016

Q なくなると困るものは何ですか？

当たり前にあるという幸せ。

NO.017

Q 一人の時間でやりたいことは何ですか？

テレビや友達もいいけれど、自分と話す時間も大切に。
心が迷子になっちゃうよ。

NO.018

Q どんなチャレンジをしていますか？

小さなチャレンジを重ねると、自信になっていく。

NO.019

Q これまでの人生で、幸せだなと思った出来事は何ですか？

振り返ったときに、そこに道ができている。

NO.020

Q 好きなものは何ですか？

「意味なく好きなんだよね」というものと、
どれだけ出合えるか。

021 → 025

NO.021

Q 明日、楽しみなことは何ですか？

未来には素敵なことが待ってると
信じているほうが楽しい。

NO.022

Q あなたの大切な人は誰ですか？

思いを寄せるだけで幸せな気持ちになれる相手がいる
という幸せ。

NO.023

Q 大切な人が教えてくれたことは何ですか？

人を愛するということは、
知らない世界を味わうということ。

NO.024

Q あなたの仕事の楽しいところは何ですか？

人生のほとんどの時間を費やす仕事が楽しいと、
人生も幸せ。

NO.025

Q 最近、お腹を抱えて笑ったことは何ですか？

幸せだから笑うのではなく、笑うから幸せを感じられる。

026 → 030

NO.026

Q これまでに、どんな夢を叶えてきましたか？

些細な夢をたくさん叶えて、今ここにいる。

NO.027

Q あなたの周りには、どんな素敵な人がいますか？

鳥は群れて飛ぶ。素敵な人に囲まれているあなたも素敵。

NO.028

Q 最近、がんばっていることは何ですか？

リセットボタンを押さない人にしか見えない景色もある。

NO.029

Q 最近のお気に入りは何ですか？

そこには幸せの種がたくさん眠っている。

NO.030

Q 今、自分の幸せについて、どう思っていますか？

子どもの頃の自分に恥ずかしくない毎日を送っているだろうか。

75

あなたはすでに幸せ。

あなたは、充分に幸せです。
まずは、それをしっかりと抱きしめましょう。

幸せは「人それぞれ」です。
あなたの幸せと、みんなの幸せは大きく違っていいのです。
あなたの幸せは、流行りや常識ではなく、
あなたの中にしかありません。

心の声に耳を傾け続けましょう。
幸せが迷子にならないようにね。

テーマ

02

イヤをイイに
変える質問

毎日を生きていると「イヤだな」と思うことがあります。
でも、本当は「イヤなこと」があるのではなく
あなたが「イヤだ」と思っているだけなのです。

コインを裏返せば、表と裏がカンタンに入れ替わるように、
イヤなことも見方を変えると、いいことになります。

一緒に、モノの見方を整えていきましょう。
よく考えてみれば、
イヤなこともそんなに悪くないのです。

031 → 035

NO.031 **Q** イヤだと感じていることは何ですか？

イヤなことがあるなら、自分の手で変えていけばいい。

NO.032 **Q** なぜ、イヤなのですか？

変えられないこともたくさんある。
でも、とらえ方は変えられる。

NO.033 **Q** 神様は、なぜ「イヤな感情」もつくったのだと思いますか？

イヤな感情も豊かに生きていくためには欠かせないもの。
うまく付き合おう。

NO.034 **Q** イヤなことと、どう関わりますか？

どうせ逃げ切れないのだから、さっさと向き合おう。

NO.035 **Q** イヤなことの中に、どんな「好き」が隠れていますか？

「好き」を見つけることができると、見え方が変わってくる。

036 → 040

NO.036

Q どうすれば、もっと楽しくなりますか？

グチを言うだけの人。自分にできることをやる人。

NO.037

Q どんなときに、羨ましいと感じますか？

羨ましいという気持ちや嫉妬は、
あなたが本当に望んでいること。

NO.038

Q 嫌いなのはどんな人ですか？

嫌いな人がいるのは悪いことではなく、健康的なこと。

NO.039

Q 嫌いな人に、どんな「ありがとう」を言いますか？

嫌いな人だからこそ、愛を送ろう。

NO.040

Q 最近、どんな悲しいことがありましたか？

悲しさの量は、優しさや強さを深めていく。

041 → 045

NO.041

Q どんな失敗がありましたか？

失敗をすればするほど、自分がわかってくる。

NO.042

Q どんなことに怒りを感じていますか？

怒りは行動の原動力になる。

NO.043

Q あなたの短所は何ですか？

短所はなくならない。短所が長所になる場に身を置こう。

NO.044

Q 自分のどんなところが嫌いですか？

「嫌い」は受け入れると味わいになる。

NO.045

Q どんなコンプレックスがありますか？

世の中は平等ではない。
だからこそ、手にできているものもある。

046 → 050

NO.046

Q これまでに、どんなつらい経験がありましたか？

どんな経験も、今を生きるための心の糧になっている。

NO.047

Q これまで避けてきたことは何ですか？

避けてきたことは、可能性の塊だ。

NO.048

Q 共感されないと感じていることは何ですか？

「いいね！」の数だけでは幸せにはなれない。

NO.049

Q あなたの変なところは、どこですか？

変なところは、あなたの魅力や価値の種だ。

NO.050

Q 嫌われることの何が問題ですか？

好かれようとして苦しまなくても、
愛してくれる人と関われればいい。

051 → 055

NO.051

Q 不安に思っていることは何ですか？

不安はおばけと一緒。正体がわかれば怖くない。

NO.052

Q それは、本当に心配することですか？

心配は、ちゃんと向き合わないから、
どんどん大きくなっていく。

NO.053

Q 心配することで、失っているものは何ですか？

ありもしない心配で、大切なチャンスを
失っていないだろうか。

NO.054

Q 心地よいなと思う場所はどこですか？

心地よい場があるだけでも人生は豊かだ。

NO.055

Q 心地よい場から抜け出すと、何が見えると思いますか？

心地よい場から、あえて飛び出てみることで、
得られるものがある。

056 → 060

NO.056

Q 疑問に思っていることは何ですか？

疑うことで、次の可能性が広がっていく。

NO.057

Q 「どうせ……」と諦めたことは何ですか？

今ならできることもたくさんある。

NO.058

Q 苦手なことは何ですか？

ジグソーパズルの凹みは、誰かの凸がはまるためにある。

NO.059

Q 最近、がんばっていると思うことは何ですか？

がんばっている自慢をしたくなるときは、
自分をねぎらってあげよう。

NO.060

Q もし、誰の目も気にしなくていいとしたら、どんな自分になる
と思いますか？

誰かの目を気にすると窮屈になる。
自分の目を気にすると心地よくいられる。

幸せは自分の手で広げていける。

毎日の中には、よいこととイヤなことが半分ずつあります。
もし、イヤなことから何かを得ることができるならば、
それはよいことに変わっていき、
毎日はよいことだけで満たされていきます。
それは少し大変で、勇気のいる作業かもしれません。
でも、自分自身を幸せにすることからは逃げてはいけないのです。

あなたが自分を幸せにすることをやめてしまったら、
誰があなたを幸せにするのでしょう？

幸せはじっと待っていてもやってきません。
いつか、誰かが幸せにしてくれるようなこともありません。
自分の手で、幸せを広げていきましょう。

物の見方を変えるだけでは現実は変わらないのです。
自分で行動しなくてはね。

テーマ

03

自分の魅力を知る質問

あなたは魅力的です。
もし、そう思えないのであれば、
あなたは自分とは違う人を見て憧れているだけ。

あなたに「ないもの」を見れば、
あなたはダメかもしれない。
しかし、「あるもの」を見れば、
あなたはとても魅力的なのです。

ないものに憧れるのではなく、
自分が持っている魅力に気づいていきましょう。

061 → 065

NO.061

Q あなたを表すキーワードは何ですか？

「私って〇〇なの」という言葉があなたをつくっているし、
縛ってもいる。

NO.062

Q 自分のどんなところが好きですか？

自分を愛してない人が愛されるはずもないし、
愛せるはずもない。

NO.063

Q 得意なことは何ですか？

あなたの得意は、誰かにとっての価値になる。

NO.064

Q どんなときに、私らしいと思いますか？

自分の人生や価値観や好みを、他人に共感してもらう
必要は微塵もない。

NO.065

Q どんな「ありがとう」を言われますか？

ありがとうの中にも、あなたの魅力が
たくさん詰まっている。

066 → 070

NO.066

Q あなたと一緒にいると、相手はどんな気持ちになりますか？

あなたが心地よく過ごしているだけで、
幸せを感じる人がいる。

NO.067

Q どんなことを褒められますか？

褒められようとするのではなく、相手が自分の何に価値を
感じているかを知ればいいだけ。

NO.068

Q 人と違うと思うのは、どんなところですか？

「みんなと同じ」は安心だけど、自分が失われていく。

NO.069

Q 何をしているときの自分が好きですか？

心地よく過ごしているあなたを見て、人は魅力的だと言う。

NO.070

Q 誰といるときの自分が好きですか？

一緒にいる人によって引き出されていく魅力も大きい。

87

071 → 075

NO.071   **Q** あなたができないことは何ですか？

誰かに頼ることができる。それもあなたの魅力。

NO.072   **Q** あなたのダメなところは、どんなところですか？

短所は受け入れると味わいになり、あがくと痛みになる。

NO.073   **Q** どんな自分でありたいですか？

「優しくなりたい」ではなく、優しくすればいい。

NO.074   **Q** 許せないと思うことはどんなことですか？

他人を許せると、自分も許せるようになっていく。

NO.075   **Q** 周りの人から頼まれることは何ですか？

得意は、頼まれごとにベストを尽くす中で育っていく。

076 → 080

NO.**076** **Q** 泣きたくなるのはどんなときですか?

泣きたいときには泣けばいい。
心に素直でいることも魅力の1つ。

NO.**077** **Q** これまでで、あなたを変えた出来事は何ですか?

泣いたり、笑ったり、夢見たり、たくさん心を
動かしてきたから、今のあなたがいる。

NO.**078** **Q** 心に、どんな傷がありますか?

その傷があるからこそ、あなたの魅力は深くなっていく。

NO.**079** **Q** ツライ経験から得たことは何ですか?

暗闇を嘆くことはない。
真っ暗だからこそ気づける星もある。

NO.**080** **Q** あなたが生きていく上で大切にしたいことは何ですか?

人生でもっとも大切なことは、
大切なことを大切にすること。

89

081 → 085

NO.081

Q あなたの弱さは何ですか?

弱いことは問題ではない。弱さを隠すことが問題だ。

NO.082

Q 自分自身についているウソは何ですか?

必要なウソもあるだろう。
でも、自分だけはごまかしてはダメ。

NO.083

Q どんな遊びをしてきましたか?

ムダや遊びの中に、人生の本質がある。

NO.084

Q あなたの口癖は何ですか?

吐いた言葉が、明日のあなたをつくっている。

NO.085

Q どんな背中を見せたいですか?

ビクビクしながら進む背中ですらも、誰かの勇気になる。

086 → 090

NO.086

Q 無理をしていることは何ですか?

自分を大きく見せようとしても、美しく見せようとしても、
相手はしっかり本質を見抜いている。

NO.087

Q どんな場所に行くと、あなたは輝きますか?

南国の花は北国では咲けない。
あなたがそのままで輝ける場に身を置こう。

NO.088

Q あなたを愛しているのは誰ですか?

そのままのあなたを愛してくれる人がいる。

NO.089

Q 自分をもっと幸せにするために、何ができますか?

誰かのためなんて言わなくていい。自分のためでいい。
だけど、「自分だけいい」だとつまらなくなる。

NO.090

Q あなたにしかない魅力があるとすれば、それは何ですか?

謙虚になる必要も、自分に遠慮する必要もない。

91

あなたのままで魅力的。

僕はいつも「誰か」に憧れてました。
自分にないものを持っている人を見つけては、
少しでもその人に近づこうとしたのです。

しかし、その人にはなれませんでした。
そして、変われない自分を見て、
やっぱり僕はダメだな……と、さらに凹(へこ)んでいったのです。

しかし、あるとき、「あなたを愛してる」と言ってくれる人や、
「ありがとう」と言ってくれる人がいることに気づいたときに、
「僕は僕のままでいい」と心から思うことができました。

あなたも、他の誰かになることは難しいし、
それはとてももったいないことです。
あなたの中には、とても素晴らしいあなたが眠っているのです。
ぜひ、あなたは、あなたになっていってほしい。

よく見せようとしなくたって、
あなたは、あなたのままで充分に魅力的なのです。

テーマ

04

好きを知る
質問

みんなの「いい」と
あなたの「いい」は違って当然なのだから、
みんなに合わせる必要も
あなたの「いい」に共感してもらう必要もありません。

あなたが「いい」と思うものに
素直に生きていけばいいのです。

あなたの「いい」をたくさん見つけていきましょう。

091 → 095

NO.091　**Q** どんな食べ物が好きですか？

好きなものを食べることはもっともカンタンにできる
幸せづくり。

NO.092　**Q** どんな人が好きですか？

同じだから好きな人、違うから好きな人、
好きにもいろいろある。

NO.093　**Q** どんなものが好きですか？

近くにあるだけで、心が動かされるものがある。

NO.094　**Q** どんな色が好きですか？

心の状態によっても、好きな色は変わってくる。

NO.095　**Q** どんな形が好きですか？

自分の「好き」の共通点を知っておくと
意識して集めることができる。

CCCメディアハウスの新刊

madame FIGARO BOOKS

原由美子のきもの上手　染と織

スタイリストの先駆者が再び伝えたい、きものの楽しみ。帯合わせ、小物の色選び、季節を楽しむ洒落小紋、モダンに着こなす江戸小紋、清楚で粋な大島紬、デニム感覚で纏う木綿のきもの、一本は持っておきたい黒い帯……。素材としての布を染と織に分けて、きものに親しむ。「フィガロジャポン」好評連載、第2弾。

原 由美子 著　　　　　　　　●本体2000円／ISBN978-4-484-19236-9

賢さをつくる
頭はよくなる。よくなりたければ。

アウトプット力とは物事を具体化する能力、インプット力とは物事を抽象化する能力であり、「思考」とは具体と抽象の往復運動だ。往復運動を意識すれば、頭のいい経営者と頭のいい現場の社員では求められる能力が違うように、自分に合った賢さをセレクトできる。

谷川祐基 著　　　　　　　　●予価本体1500円／ISBN978-4-484-19233-8

親も子も幸せになれる
はじめての中学受験

どうして、親は子どもに勉強を押しつけてしまうのだろう？　どうして、中学受験は親の気持ちをかき乱すのだろう？　どうして、塾業界は親子の冷静な判断を手伝わないのだろう？　6,000もの親子をサポートしてきた著者が、そんな親の迷いや不安を解消するための考え方、いますぐできることをわかりやすく伝える、親子目線の中学受験本。

小川大介 著　　　　　　　　●予価本体1400円／ISBN978-4-484-19232-1

鋭く感じ、柔らかく考える　アステイオン　VOL. 091

100年前の1920年（大正9年）、ジャーナリスト三宅雪嶺は主宰する雑誌『日本及日本人』で「百年後の日本」を特集した。それから100年後の今、改めて100年後を予測することで、現在を生きる我々が未来を創る活力の糧としたい。

公益財団法人サントリー文化財団・アステイオン編集委員会・編
　　　　　　　　　　　　　　●本体1000円／ISBN978-4-484-19239-0

※定価には別途税が加算されます。

CCCメディアハウス 〒141-8205 品川区上大崎3-1-1 ☎03(5436)5721
http://books.cccmh.co.jp 🄕/cccmh.books 🄣@cccmh_books

CCCメディアハウスの新刊

EVEREST

2001年、23歳でエヴェレスト登頂。当時世界最年少で七大陸最高峰登頂を果たした石川直樹は10年後、再び世界最高峰の頂に立った。本書はこの2011年のエヴェレスト行を中心に、その後のヒマラヤ行の際に撮影された写真を加えて構成。世界最高峰の気高い山容、高所氷河の風景や雪崩の様子、登頂をめざす登山者の息遣いまでをも感じさせる、「エヴェレスト」の決定版写真集。

石川直樹 著　●本体4800円／ISBN978-4-484-19240-6

自分に挑む!

人生で大切なことは自転車が教えてくれた

人生には必死で努力しなければ見えない景色がある。必死で努力しても届かないことがある。40代でロードバイクをはじめ、46歳で世界一過酷なヒルクライムレースを走破。NHK BS1『チャリダー★』出演中の「坂バカ」俳優による、笑いと涙のエッセイ。

猪野 学 著　●予価1500円／ISBN978-4-484-19225-3

カギのないトビラ

あなたのままで幸せになる12の物語

これは、あなたの物語。自分らしさとは探すものではなく、毎日の自分を大切に生きていくこと。ベストセラー『人生、このままでいいの?』の著者が贈る、初めての絵本。書き込み式365日ダイアリーブック付き。自分や大切な人へのプレゼントにも!

河田真誠 著／牛嶋浩美 絵　●本体1400円／ISBN978-4-484-19241-3

得する、徳。

公私において信用がポイント化される時代になりつつある。しかし、信用の正体とはなんなのか?　ヒントは渋沢栄一や土光敏夫などの名経営者が実践してきた「徳を積む」行為にある。財界人を取材してきた経済記者が書く、新しい徳の積みかた。会社は誰のもので、我々は何のために働くのか?　信用がカネに取って代わる社会を泳げ。
(成毛 眞氏推薦)

栗下直也 著　●予価1500円／ISBN978-4-484-19235-2

※定価には別途税が加算されます。

CCCメディアハウス　〒141-8205 品川区上大崎3-1-1　☎03(5436)5721
http://books.cccmh.co.jp　/cccmh.books　@cccmh_books

096 → 100

NO.**096** **Q** どんな手触りが好きですか？

触れているだけで幸せになれるものがある。

NO.**097** **Q** どんな香りが好きですか？

いい香りには、心を動かす力がある。

NO.**098** **Q** どんな音（音楽）が好きですか？

心に気持ちいい音に包まれよう。

NO.**099** **Q** どんな街が好きですか？

理想の街には、あなたの「いい」が詰まっている。

NO.**100** **Q** 何をしている時間が好きですか？

好きなことに没頭している時間をたくさん増やそう。

101 → 105

NO.101 **Q** 家族のどんなところが好きですか?

選べないからこそ、いいところを見つけていこう。

NO.102 **Q** 仕事のどんなところが好きですか?

人生の大半は仕事をしている。そこに我慢がないように。

NO.103 **Q** 好きな言葉は何ですか?

好きな言葉どおりに、あなたは生きていく。

NO.104 **Q** どんな服装が好きですか?

自分の気持ちを包んでくれる服がある。

NO.105 **Q** お気に入りの場所はどこですか?

自分だけの宝物のような場所がある。

106 → 110

NO.106

Q どんな関わり合いが好きですか？

相手からされて嬉しい関わり方を、周りにもしていこう。

NO.107

Q 心がときめくのは、どんなときですか？

ときめきがあると、毎日はただこなすだけのものではなくなっていく。

NO.108

Q 美しいと思うのは、どんな生き方ですか？

美しさはにじみ出てくるもの。
時間がかかるので面倒だけど、それは本物。

NO.109

Q どんな考え方が好きですか？

好きな考えを変えてみると、
見えるものも変わってくる。

NO.110

Q あなたの「好き」の共通点は何ですか？

自分の好みを知れば、もっと増やすことができる。

97

111 → 115

NO.111

Q 「好き」の中にいると、どんな気持ちになれますか？

毎日の中に「好き」を増やすことが、幸せに近づく秘訣。

NO.112

Q どうすれば、「好き」が広がりますか？

どんなことの中にも「好き」を見つけられると、人生は最強。

NO.113

Q どんなことを考えているとワクワクしますか？

心の中の小さなワクワクが、明日のあなたをつくっている。

NO.114

Q どんな自分が好きですか？

自分大好き、自己満足、わがまま。どれも素敵な言葉。

NO.115

Q 周りの人の「好き」を知ると、どんないいことがありますか？

喜びの循環の中に身を置こう。
そして、その循環を自分から始めよう。

116 → 120

NO.116

Q 違いをどう楽しみますか？

いろんな「好き」があるから、可能性が広がっていく。

NO.117

Q 次の「好き」をどうやって作り出しますか？

「好き」は年や環境によっても変わってくる。
どんどん入れ替えていこう。

NO.118

Q どうすれば、もっと自分の「好き」を知ることができますか？

心の中を旅したことがない人は、
本当の幸せとは出合えない。

NO.119

Q どうすれば「好き」を大切にできますか？

「好き」を無視していると、心がどんどん迷子になっていく。

NO.120

Q 今日は、どうやって自分をご機嫌にしますか？

どんな毎日を過ごすかよりも、
どんな気持ちで過ごすかを大切に。

99

自分の心と会話できてる？

何をしていいかわからない。
どうやって遊べばいいかわからない。
どちらを選べばいいかわからない。

全部、自分の心がわかっていないんですね。

それは、これまで、常識や流行りなどの他を、
自分よりも優先してきたから。

でも本当は、心がわからないのではなくて、
心と頭がつながっていないだけ。
あなたの心は、これまで大切にされなかったから、
ちょっと拗ねているだけなんです。
みんなと違っていても、何も問題ありません。
違うからといって嫌われたとしても、
自分の心にウソをつく必要はありません。
あなたのままで、受け入れてくれる人と関わればいいのです。

自分の心を何よりも大切に。

テーマ

05

人間関係を
整える質問

悩みの大半は、
人間関係によるものかもしれません。
人は一人では生きてはいけません。
でも、自分をないがしろにしていたのでは、幸せにもなれません。

複雑な人間関係の悩みを、シンプルに紐解いていきましょう。

人間関係の悩みは、あなたと誰かの問題のようで、
実は、あなたの中だけで起こっていることなのです。

121 → 125

NO.121

Q 人間関係で、どんな悩みがありますか？

悩みは紙に書き出そう。それだけで見えてくることがある。

NO.122

Q 一緒にいたいのは、どんな人ですか？

心地よいと思える人との時間が宝物。

NO.123

Q なぜ、その人たちと一緒にいたいのですか？

お互いに与え合えるものがあるのは、いい関係ですね。

NO.124

Q 苦手な人はどんな人ですか？

あれこれ言ってくる人は、あなたのことが
気になってしかたない人。

NO.125

Q 苦手な人がいるからこそ、と思えることは何ですか？

苦手な人は本当に大切なことを教えてくれる。

126 → 130

NO.126

Q 苦手な人と、どう関わりますか？

いつも、主語を「自分」にするだけで、人生は豊かになる。

NO.127

Q どうすれば、相手を許せますか？

相手を理解できないのは、あなたの世界が狭いせいかも。

NO.128

Q 大切な人は誰ですか？

幸せは、大切な人を見つけていくことでもある。

NO.129

Q うまくいかないときに支えてくれたのは誰ですか？

人生がどん底のときにそばにいてくれる人こそが、
かけがえない人だ。

NO.130

Q 大切な人にとって、どんな存在でありたいですか？

あなたがそこにいるだけで、与えられるものがある。

131 → 135

NO.131

Q 大切な人が大切にしていることは何ですか?

大切な人が大切にしてることを同じように大切にしよう。

NO.132

Q 大切な人を喜ばせるために、何ができますか?

あなたが心地よく、楽しくできることで、
周りを幸せにしよう。

NO.133

Q 大切な人に、本当は伝えたいことは何ですか?

言葉が伝わらないときは、自分の言葉と態度に
ズレがあるのかも。

NO.134

Q どうすれば、よりよい関係になれますか?

どうやってつなぎとめるかではなく、どうすれば、
あなたといたくなるか。

NO.135

Q 人間関係の中で、我慢していることは何ですか?

我慢すると、その関係は長続きしない。

136 → 140

NO.136

Q 許せない人は誰ですか？

あなたを苦しめた人から、そろそろ解放されよう。

NO.137

Q なぜ、許せないのですか？

イヤな人がいるのではなく、イヤな考えや関わり方があるだけ。

NO.138

Q 許せない原因があなたにあるとすれば、それは何ですか？

相手を変えることはできない。
いつも自分にできることを考えよう。

NO.139

Q どうすれば、許せますか？

投げ出さないからこそ、時間をかけて擦り合わせていく関係もある。

NO.140

Q 相手の人は、あなたをどう思っていますか？

相手の気持ちは相手にしかわからない。
憶測ですれ違っていく。

105

141 → 145

NO.141

Q どうなったら、その人間関係をやめますか？

無理をする必要はない。自分の身を守ることも大切。

NO.142

Q あなたがされてイヤなことは何ですか？

されてイヤなことはしない。
それだけで世の中は大きく平和になりそうです。

NO.143

Q どんな人と知り合いたいですか？

同じ景色を見て、違う感想を言う人と友だちになろう。

NO.144

Q どんな成長をしたいですか？

朱に交われば赤くなる。
いい影響を得られる関係を築いていこう。

NO.145

Q あなたを成長させてくれる人は誰ですか？

あの日、あのとき、あの出会い……が人生をつくっていく。
そして、今日もその一日だ。

106

146 → 150

NO.146 **Q** あなたを必要としている人は、どんな人ですか？

もらうよりも、与えることを考えるほうが
人間関係はうまくいく。

NO.147 **Q** 会いたい人と、どこで出会えますか？

出会いは待っていても生まれない。
自分からつくっていこう。

NO.148 **Q** 人間関係において、あなたはどんな人でありたいですか？

周りがどうかではなく自分がどうあるかで、
人間関係がつくられていく。

NO.149 **Q** 人間関係で、遠慮していることは何ですか？

周りが求める人になろうとしなくていい。

NO.150 **Q** 人間関係をよりよくするコツは何ですか？

自分が大切だと思うことを大切にしよう。

107

どんな人も、そこにいる意味がある

友達とうまく関わりたくて、自分を成長させようと思った。

大切な人をもっと喜ばせようと、得意なことを磨(みが)いた。

苦手な人がいてくれたことで、人との関わり方を学んだ。

うまくいかない人がいることで、自分を振り返ることができた。

憧れる人がいることで、背伸びをすることができた。

かわいがってくれる人がいることで、新しい世界が開けてきた。

守るべき人がいることで、いつも強くいられた。

たくさんの人が僕を幸せにしてくれている。
僕も、誰かにとってのそんな存在でいられるといいな。

テーマ

06

「与える」を
考える質問

人生は、壁にボールを投げるようなものです。
あなたが投げた球がそのまま返ってきます。
そして、あなたが投げない限り、
ボールが返ってくることはありません。

人生も同じです。
愛されたければ、愛すること、
応援されたければ、応援することです。
たくさん与えられる人でいましょう。
人生の秘訣は、「もらう」よりも「あげる」です。

151 → 155

NO.151

Q あなたが、これまでに「してもらったこと」は何ですか？

当たり前にあることなんて、何ひとつない。

NO.152

Q 時間を忘れて楽しめることは何ですか？

自分が楽しむことで、誰かを幸せにできるといい。

NO.153

Q 人よりも詳しいことは何ですか？

教えてあげることで、喜んでくれる人がいる。

NO.154

Q あなたが持っているものは何ですか？

あなたが持っているものを必要としている人もいる。

NO.155

Q あなたには、どんな才能がありますか？

才能とは秀でているものではなく、
カンタンにできることを言う。

156 → 160

NO.156

Q これまでに、どんな経験をしてきましたか？

あなたが乗り越えてきた壁の前で、もがいている人もいる。

NO.157

Q 得意なことは何ですか？

あなたが当たり前にできることを、できない人もいる。

NO.158

Q あなたの存在を喜んでくれる人は、どんな人ですか？

「あなたじゃなくては、ダメなんだ！」と言う人がいる。

NO.159

Q 目の前にいる人を喜ばせるために、何ができますか？

自分から、愛を始めよう。

NO.160

Q どんなときに見返りがほしいと感じますか？

時には見返りも必要。ただし求めるものではない。

161 → 165

NO.161

Q 見返りを求めると、どうなると思いますか?

その人と何で結ばれたいかという話だ。

NO.162

Q 無条件で与えると、どうなると思いますか?

与えたものがなくなることはない。ずっと循環していく。

NO.163

Q あなたがおすそ分けできることは何ですか?

一人占めするより、分け合うほうが、幸せは増える。

NO.164

Q あなたが周りの人に望んでいることは何ですか?

書き出してみると、意外な本音に気づける。

NO.165

Q あなたが望んでいることを、同じように望んでいる人は誰ですか?

欲しがる前に、与えてみるといい。

166 → 170

NO.166

Q その人が満たされるために、あなたにできることは何ですか？

今のあなただからこそ、できることがある。

NO.167

Q 最近、どんなアドバイスをされましたか？

他人のアドバイスは、たくさんある考え方の1つでしかない。

NO.168

Q 誰からのアドバイスなら受け取りますか？

あなたを知らない人からの「あなたを思って……」というアドバイスに振り回されないこと。

NO.169

Q 周りの人に期待していることは何ですか？

期待するから、がっかりすることになる。期待ではなく信頼しよう。

NO.170

Q 周りの人に忠告したいことは何ですか？

他人のあれこれを気にするほど、人生はヒマじゃない。

171 → 175

NO.171

Q 心配させてくれる人は誰ですか？

心配するという自己満足を満たしてくれるって、
実はいい関係。

NO.172

Q 心配な人に、あなたができることは何ですか？

あなたとは違うけど、どんな人もその人にとっての
最高の人生を生きている。

NO.173

Q 困っている人に、何をしてあげられますか？

魚をあげるよりも、魚の釣り方を教えること。
そして、それよりも魚の美味しさを教えること。

NO.174

Q 大切な想いを伝えたい人は誰ですか？

伝えない想いは存在しないのと同じ。

NO.175

Q 言葉にできない想いは、どう伝えますか？

言葉にできない大切な想いは言葉にしないほうがいい。

176 → 180

NO.**176**

Q 遠慮していることは何ですか？

あなたは与え続ければいい。
受け取るかどうかは相手が決める。

NO.**177**

Q どうすれば、自信が生まれますか？

自信があるからするのではなく、
やっていく中で自信になっていく。

NO.**178**

Q 与えると、あなたの幸せはどうなりますか？

与えると失っていく人、与えると増えていく人がいる。

NO.**179**

Q 自分自身をどう幸せにしますか？

あなたが幸せなだけで、豊かな気持ちになる人もいる。

NO.**180**

Q あなたは何を受け取りますか？

受け取ってあげること自体も、ひとつの愛。

115

どう思われるかを
気にしなくていい。

あなたが与えることで、多くの人が幸せになることでしょう。

でも、時には、あなたが与えるものをいらないという人や、
あなたが与えたもので傷ついてしまう人もいるかもしれません。

しかし、それでも、あなたは与えるしかないのです。

あなたが与えるものが、よいか悪いかを決めているのは、
あなたではなく受け取る人。
あなたは、見返りを期待することなく、
ただただ自分が与えたいものを与え続ければいいのです。
遠慮はいりません。

そこに次第に愛が生まれてきます。

テーマ

07

ぶれない自分で
いるための質問

世の中は、あなたが見たいようにつくられています。
誰かが他人を助けている姿を見て、
「美しい光景だな。私もそうしよう」と感じる人もいれば、
「人を助けるなんて、いい人に思われたいんだな」と、
感じ人もいるでしょう。

そこにある事実は1つだけど、人の数だけ受け取り方があります。

どう受け取ってもいいのです。
あなたが心地よく生きていけるように
受け取っていきましょう。

181 → 185

NO.181

Q 何をされるとイヤな気持ちになりますか？

自分を知っておくと、まずは避けることができる。

NO.182

Q イヤなことをされると、どんな気持ちになりますか？

イヤなことをされるのではなく、
イヤな気持ちになることが問題。

NO.183

Q どうすれば、イヤな関わり方をされないと思いますか？

イヤかどうかを決めているのはあなた。
受け取っているのもあなた。

NO.184

Q 愛って何だと思いますか？

あなたには、あなたなりの答えがあっていい。

NO.185

Q どんなときに、愛おしい気持ちになりますか？

愛おしい気持ちをたくさん経験すると、
愛の絶対量が増えていく。

12の物語をもっと詳しく解説した サポートブックを

※スマホでも読めるPDFデーターをお届けします。

無料プレゼント中!!

本書でお伝えした12の物語を
もっと深く理解するために
サポートブックをプレゼント!

わかりやすく解説しているので
動物たちの教えや質問を
じっくり考えてみてくださいね。

▼▼ 今すぐ無料で受け取ってね ▼▼

http://shinsei-kawada.com/365

スマホやパソコンからアクセスしてください

スマホからも

186 → 190

NO.186

Q 愛おしい気持ちを感じるのは誰ですか?

相手よりも少し大きな包み込む気持ちになれる
感覚がある。

NO.187

Q どうすれば、誰に対しても愛おしい気持ちを持てるようにな
れますか?

愛おしい気持ちを持てると、相手を許すことができる。

NO.188

Q どうすれば、より多くのことを自分ごとだと思えますか?

家族を無条件に愛してるように、「自分」の範囲が
広がると愛の範囲も広がっていく。

NO.189

Q 周りから、どんな影響を受けたいですか?

どんな人とも、互いに影響し合っている。

NO.190

Q どうすれば、イヤな影響を受けずにすみますか?

心を傷つけてくるものだけは許してはいけない。

119

191 → 195

NO.191

Q どうすれば、怒りや妬みや意地悪などを愛で返せますか？

仕返しをしていると、お互いの傷が増えるだけ。

NO.192

Q 周りから、どんな期待をされていますか？

期待に応えなくても続くのが、本当の関係。

NO.193

Q 人間関係で我慢していることは何ですか？

友達はどこにでもつくれる。
そもそもストレスを抱えてまで守るほどの関係だろうか。

NO.194

Q 周りからは、どんな人だと思われていますか？

なんと思われようと、あなたはあなたの信じた道を
行けばいい。

NO.195

Q 周りの人は、どんな気持ちであなたに関わっていますか？

あなたが誤解していることもあるし、ちゃんと
戦わなければいけないこともある。

120

196 → 200

NO.196

Q あなたの真ん中には何がありますか?

これだけは譲れないという大切なものを
自分の中に見つけよう。

NO.197

Q あなたが生きていく上で大切にしたいことは何ですか?

人生に基準があれば、ぶれてもしなやかに戻ってこれる。

NO.198

Q 地に足がついてるとは、どういうことですか?

遠くを見据えて、目の前の一歩を踏み出していこう。

NO.199

Q どんなときに、「地に足がついていない」と感じますか?

理想と現実のギャップを埋めていかないとね。

NO.200

Q 自分のどこを褒めたいですか?

褒められたから価値が高くなるわけでも、蔑まれたから
下がるわけでもない。それを決めるのも自分。

201 → 205

NO.201

Q どうすれば、周りの目が気にならなくなりますか？

大丈夫。あなたが思ってるほどには、
誰もあなたのことを気にしていない。

NO.202

Q やりたくないことは何ですか？

やりたいことと、やりたくないことの間に
はっきりと線を引くこと。

NO.203

Q なくしてはならないものは何ですか？

一度失ってみると、どれだけ輝かしいものであるかに
気づけるけれど、それでは遅いこともある。

NO.204

Q もういらないものは何ですか？

荷物が多いから、足どりも重くなる。

NO.205

Q 周りの人と自分を比べると、何を感じますか？

上を見れば劣等感を、下を見れば優越感を抱くだけ。
それよりも自分の心を見よう。

206 → 210

NO.**206**

Q どうすれば、自分を大切にできますか?

わがままでも、自惚れててもいい。
まずは自分が自分を大切にしないとね。

NO.**207**

Q あなたを想ってくれている人は誰ですか?

自分なんてちっぽけな存在だと思っても、
誰かにとっては大きな存在。

NO.**208**

Q あなたは、なぜ愛されているのですか?

理由なんてない。
あえて言えば、あなたは、あなただから愛されている。

NO.**209**

Q どうすれば、もっと強くいられますか?

強さとはびくともしないことではなく、
揺れても戻ってくる、しなやかさのこと。

NO.**210**

Q どうすれば、自分を信じることができますか?

批判する人、笑う人、茶化す人、嘲笑う人、
それでも自分を信じて行動する人。

123

いつでも幸せとつながっていよう。

昔は、よくイライラしていました。
でも、同じ状況でも、イライラしていない人もいます。
僕は「イライラさせられている」のではなく、
僕が勝手に「イライラしている」のだと気づいたのです。

蓮(はす)の花が、汚い泥の中に咲くように、
周りがどうであるかは、自分の心には影響しません。
自分にとって必要なものだけを、
自分に都合よく受け取ればいいのです。

そのためには、自分の中にぶれない軸があるといいですね。
いつも幸せとつながっている最高の自分を、
自分の中に持ち続けてください。

あなたは、いつでも、どんなときでも幸せなのです。
もし、幸せを感じられないときがあれば、
幸せを断ち切っているのも、あなたなのです。

テーマ

08

本音で生きる
ための質問

あなたの幸せを決めているのは、あなた自身です。
「何が幸せなのか」の答えは、人それぞれなのだから、
流行りや常識など他人の声ではなく、
あなたが何に幸せを感じるのかを大切にしましょう。

毎日の中から、イヤなものや納得のいかないものを、
1つずつなくしていくことです。

あなたの人生を、自分の手で、
自分色に染めていきましょう。

211 → 215

NO.211

Q 「心地よいな」と思うのは、どんなときですか？

自分がどんなときに心地よいのかを知れば、再現できる。

NO.212

Q 心地よい人は、どんな人ですか？

心地よい人の共通点を探してみよう。
あなたの好みがわかる。

NO.213

Q どんな自分だと、心地よいですか？

いつも自分をご機嫌にしておくことが、
幸せのコツかもしれない。

NO.214

Q わがままな人を見ると、どんな気持ちになりますか？

そう感じているのは、あなただけかもしれない。

NO.215

Q 自分のことで、「わがままかな……」と思うことは何ですか？

なぜ、それをわがままだと感じるのだろう？

216 → 220

NO.216

Q わがままと自己中心的は、どう違いますか？

わがままは自分に素直でいること。
自己中心的は自分さえよければいいということ。

NO.217

Q 毎日の中で、やるべきことは何ですか？

やるべきことに追われると、毎日がこなすだけのものに
なってしまう。

NO.218

Q やるべきことをやらないと、どうなりますか？

本当はやらなくてもいいこと、あなたがやらなくても
いいこともあるかも。

NO.219

Q やるべきことは、どうすればやりたいことになりますか？

やらなければならないことの中に、「楽しい」を
見つけられるようになると無敵。

NO.220

Q あなたには、どんなこだわりがありますか？

こだわりは多くなればなるほど、窮屈になっていく。

221 → 225

NO.221

Q 本当はイヤなのに、我慢していることは何ですか?

知らないうちに、常識や世間体に
縛られていないだろうか。

NO.222

Q 周りの人から、どんな期待をされていますか?

都合のいい人ではなく、価値ある人になろう。

NO.223

Q 「仕方ないな……」と諦めてしまったことは何ですか?

「本当にそうなのだろうか」と見つめ直してみよう。

NO.224

Q わがままに生きると、どんなことが起こりそうですか?

もし怖いなら、それはやったことがないだけの話。

NO.225

Q 人生の中で、納得できていないことは何ですか?

納得できていないことは、グチや不満の種になる。

226 → 230

NO.**226**

Q 問題ないと思っていることは何ですか？

問題ないと思っていることが、問題かもしれない。

NO.**227**

Q 「正直、飽きてきた」と思っていることは何ですか？

狭い世界で馴れ合ってる場合じゃない、世界は広いよ。

NO.**228**

Q 変わらないと思うものは何ですか？

メリーゴーラウンドのように、同じところを
グルグルしてるだけ。

NO.**229**

Q もう捨てたいと思うものは何ですか？

時には全部放り出してみればいい。
大切なことはなくならないから。

NO.**230**

Q あなたが、大好きなものは何ですか？

「これでいい」じゃなくて「これがいい」

129

231 → 235

NO.**231**

Q 仕事や家庭には、何を感じていますか？

自分の仕事や家族のことを悪く言う人にだけは
なりたくない。

NO.**232**

Q もし、お金の心配がないなら、何をして過ごしますか？

仕事と遊びに違いはない。
大人が本気で遊べば、それが仕事になる。

NO.**233**

Q 毎日の中で、やり残していることは何ですか？

「じゃあ、またね！」と笑って死んでいきたい。

NO.**234**

Q 誰かのためではなく、自分のためだけにやりたいことは何で
すか？

いつも自分を幸せにすることを考える。
そのついでに、周りも人も幸せになれば、もっといい。

NO.**235**

Q 今、何を感じていますか？

時には立ち止まって顔を上げてみないと、
見失うことがある。

236 → 240

NO.236 **Q** どんな人生だと最高に嬉しいですか？

あなたを縛るものなんて、何もない。

NO.237 **Q** どうすれば、より心地よい人生になりますか？

今、生きている人生を愛するか。
自分が愛せる人生を生きていくのか。

NO.238 **Q** どうすれば、自分の気持ちに気づけますか？

心が迷子にならないように、自分に問いかけていこう。

NO.239 **Q** 自分を大切にするために、何ができますか？

粗末に扱われる人は、粗末に扱っている人。

NO.240 **Q** より心地よい人生のために、何から始めますか？

たどり着きたいところがあるなら、まず、
ここを離れる覚悟を決めること。

もっとわがままに。

たとえば、お金や他人の評価などを怖れて、
自分を枠にはめることがあります。それが正しいことだと信じて。

しかし、その正しいというのは、幻想でしかありません。
そんな曖昧なものに縛られても、振り回されてもいけないのです。

とても不思議なことに、怖れを手放して、
自分にわがままに生きることをすればするほど、
お金にも他人にも愛されることになります。

「こうしなくてはいけない」「こうあるべきだ」という
怖れに縛られて生きるのか。
「こうしたい」という愛に従って生きるのか。

この違いは、人生の幸福度を大きく左右します。

いつも、グチを言いながら生きたくはないでしょう。
自分を信じて、愛の人生を生きていきましょう。

テーマ

09

悩みと友達に なる質問

悩みがなくなることはありません。
形が変わるだけで、
どんな状態になっても人は悩み続けるのです。
悩みから逃げきることはできないのだから、
うまく付き合うほうがいいですよね。

悩みと親友になれると、
人生はより豊かになっていきます。
悩みは全然悪いやつではないようです。

241 → 245

NO.241 **Q** これまでにどんな悩みを乗り越えてきましたか？

悩みを乗り越えてきた経験は、一生、
あなたを支えてくれる。

NO.242 **Q** その悩みを乗り越えたことで、どんな成長がありましたか？

悩みから逃げ回ってる人は、いつまでも「幸せ側」に
行くことができない。

NO.243 **Q** これまでは、どうやって悩みを乗り越えてきましたか？

大丈夫。本当に乗り越えられる壁しかやってこないから。

NO.244 **Q** 今は、どんな悩みがありますか？

定期的に書き出すといい。
それだけで気持ちはスッキリする。

NO.245 **Q** その悩みは何が問題ですか？

なんとなく問題だと思い込んでいるだけのこともある。

134

246 → 250

NO.**246**

Q なぜ、その悩みを解決したいのですか？

解決しなくてもいい悩みもある。

NO.**247**

Q その悩みが解決したら、どんな気持ちになれますか？

人生を劇的に変える魔法を探し求める人。
一歩一歩、今日を積み重ねていく人。どちらがいい？

NO.**248**

Q その悩みの現状はどうなっていますか？

これまでにやったこと、やっていないこと、
うまくいったこと、うまくいってないことなどを整理しよう。

NO.**249**

Q その悩みは、どうなったら最高に嬉しいですか？

最高の解決した後の姿をイメージすると、
解決の方向性が見えてくる。

NO.**250**

Q その悩みの本当の原因は何ですか？

「なぜ？」と問いかけて原因を深掘りして、
本当の原因を探ろう。

135

251 → 255

NO.251

Q その悩みは、どうすれば、解決に近づきますか?

できるかどうかにとらわれずに、
あらゆる可能性を探ってみよう。

NO.252

Q その悩みを解決するために、誰に何をお願いしますか?

一人でできないことのほうが多い。
頼り、頼られて生きていこう。

NO.253

Q その悩みを解決するために、今すぐできることは何ですか?

頭で考えていても解決しない。
できることから始めていこう。

NO.254

Q 今、満足していることは何ですか?

満足を見つけることができないと、幸せは感じられない。

NO.255

Q 満足の中に居続けると、どうなりますか?

安心だけど、変化はないのかもしれない。

256 → 260

NO.256

Q 今、満足していることから飛び出すと、どんな世界が待っていますか?

知らない世界だからこそ、あなたには
必要なのかもしれない。

NO.257

Q いつが飛び出すときだと思いますか?

いても立ってもいられないときがやって来る。

NO.258

Q 「いつか取り組まなくては……」と心に引っかかっていることは何ですか?

「いつか……」と放置していることは、
時間とともに面倒くささが増していく。

NO.259

Q 「ツライな」と思っていることは何ですか?

影が見えるのは、自分が太陽に背を向けてるから。
顔の向きを変えればいい。

NO.260

Q 立ち向かう勇気はどこから湧いてきますか?

イヤなら逃げればいいけれど、逃げ続けていたのでは
得られないものがある。そして、それはとても大きい。

137

261 → 265

NO.261

Q これまでの人生には、どんなイメージがありますか？

過去は後悔するものではなくて、糧にするもの。

NO.262

Q コンプレックスに感じていることは何ですか？

コンプレックスがあるからこそ、手にしているものもある。

NO.263

Q どんなことに嫉妬を感じますか？

嫉妬は悪いことじゃない。
本当に欲しいのだから、素直に欲しがればいい。

NO.264

Q どんなときに焦る気持ちになりますか？

焦ることはない。
心地よい自分のペースで生きていけばいい。

NO.265

Q これからの未来には、どんなイメージがありますか？

未来は心配するものではなくて、創造するもの。

266 → 270

NO.266

Q 未来には、どんな不安がありますか?

「もし……」と心配し始めるとキリがない。
見えないからこそ楽しいこともある。

NO.267

Q 未来の不安は、どう解消しますか?

不安はなくすのではなく、いつでも解消できる自分を
つくるといい。

NO.268

Q どんな年の重ね方をしていきたいですか?

どんなものでも古くなる。
ボロくなるのか、味わいになるのか。

NO.269

Q 悩みがあなたに与えてくれるものは何ですか?

受け取る素直さがあれば、石ころからも学ぶことは多い。

NO.270

Q 悩みとどう関わっていきますか?

日は昇り沈む。雨も降って止む。すべては流れ行くもの。

139

悩みと親友になろう。

悩みがないという状態を目指したいなとは思うけど、
よく考えてみると、
それは何もチャレンジしていない状態ということでもある。

昨日と同じ明日であれば、何も変化や成長しなくてもいい。
けれども、昨日とは違う明日を望むのであれば、
自分自身が変わっていく必要があるのかもしれない。
悩みは、より豊かな毎日への切符みたいなものだ。

悩みが生まれたら、次のステージに進んでいいよというサイン。
喜んで関わっていこう。

もう少し、素敵な自分と出会えるかもしれない。

テーマ

10

夢を見つける
質問

悩みを乗り越えることでも、
夢にチャレンジすることでも、
人は成長できる。

ワクワクを素直に感じ、
よりよい未来を自分の手で創造していきましょう。

今からは想像もできない未来が待っています。
まずは、夢を描くところから始めていきましょう。

271 → 275

NO.271

Q どんなときに、「気持ちいいな!」と感じますか?

心地よい時間を少しでも増やすことが、
人生を豊かにすること。

NO.272

Q 「羨ましいな」と感じることは何ですか?

羨ましいことは、自分が本当に望んでいること。

NO.273

Q 「いつか……」と思っていることは何ですか?

「いつか……」は、いつまでもやってこない。
「いつか」を「今日」にしよう。

NO.274

Q 「どうせ私には無理だ……」と諦めていることは何ですか?

本当にあなたには無理なのだろうか。

NO.275

Q 子どもの頃の夢は何ですか?

あのワクワクした気持ちを、もう一度、思い出してみよう。

142

276 → 280

NO.276

Q 今、うまくいっていないことは何ですか？

ピンチだと思う人、チャンスだと思う人。

NO.277

Q 改善できたら、嬉しいことは何ですか？

イヤイヤ受け入れる必要はない。
どんな状態からでも、1つずつよりよくしていける。

NO.278

Q これまでの人生で、学んできたことは何ですか？

何年生きてきたかよりも、何を積み重ねてきたか。

NO.279

Q 変わっていないことは何ですか？

「できた！」と思ったときに、それを壊せば、
もう1歩先までたどり着ける。

NO.280

Q どうすれば、世の中はもっと豊かになると思いますか？

みんなの幸せを考え始めると、
自分の幸せも深くなっていく。

281 → 285

NO.281

Q 過去のあなたと同じように悩んでいる人は誰ですか?

あなたが乗り越えてきたことを必要としている人は
たくさんいる。

NO.282

Q 何を考えているとワクワクしますか?

誰にも、遠慮しなくていい。すべての夢は妄想から始まる。

NO.283

Q 大切な人と、どんな時間を過ごしたいですか?

どんなに豪華な料理よりも、大切な人と分け合う
パンのほうがおいしい。

NO.284

Q もし、2日間の休みと十分なお金があったら、何をして過ご
しますか?

時間とお金の心配をまずは外し、本音を見つけてみよう。

NO.285

Q もし、2週間の休みと十分なお金があったら、何をして過ご
しますか?

何でも自由に発想してみてほしい。

286 → 290

NO.286

Q もし、2カ月の休みと十分なお金があったら、何をして過ごしますか?

本当にその答えがベストなのだろうか?
再度、問いかけてみよう。

NO.287

Q もし、2年間の休みと十分なお金があったら、何をして過ごしますか?

ダラダラ生きるには長いけど、何かを成し遂げるには、
あっという間だ。

NO.288

Q もし、20年間の休みと十分なお金があったら、何をして過ごしますか?

「何かになる」ではなく、「何をするか」を決めることが
夢を描くということ。

NO.289

Q 何の心配もしなくていいとしたら、どんな毎日を過ごしたいですか?

お金や人の目などの心配が、人生をとても
窮屈なものにする。

NO.290

Q 自分がこの世を去るときに、後悔しそうなことは何ですか?

後悔しながら死んでいくことだけはしたくない。

145

291 → 295

NO.291

Q もし何でも叶うなら、何を叶えたいですか？

欲しいもの、やりたいこと、なりたい姿をイメージして書き出そう。

NO.292

Q もし、生まれ変わったら、やってみたいことは何ですか？

生まれ変わらないと、本当に無理なのだろうか？

NO.293

Q もし何でも叶うなら、10年後はどうなっていたいですか？

過去の延長を生きることも、未来の逆算を生きることもできる。

NO.294

Q 将来、パートナーや家族から、どんな手紙を受け取りたいですか？

「いつか……」ではなく、今すぐ理想に近づけていこう。

NO.295

Q 将来、パートナーや家族に、どんな手紙を送りたいですか？

その手紙を送るにふさわしい自分でありたい。

146

296 → 300

NO.296

Q 10年後も、このままだとイヤだと思うことは何ですか？

どんなに遠い道のりでも、目の前の一歩を重ねてゆけば、いつかたどり着ける。

NO.297

Q あなたにとって、成功とは何ですか？

成功は順位ではない。
あなたの成功はあなただけの自己満足でいい。

NO.298

Q もし魔法使いになれたら、どんな魔法で何をしますか？

たった数十年前の人にとって、今は魔法の世界
かもしれない。叶わないものはない。

NO.299

Q 人生をかけて成し遂げたいことは何ですか？

自分は見つけるものではなく、人生の中で
つくり上げていくもの。

NO.300

Q あなたにとって、夢とは何ですか？

「どんな夢でも叶うよ！」というほど無邪気ではない。
でも、願わない夢は叶わないことも事実。

人生は自分の手で
つくっていける。

人生、このままでいいのだろうか?

ふとそんなことを考えるときがあります。
今のままでも悪くはないかもしれないけど、
もっと豊かで、もっとワクワクする未来もあるかもしれない。

今の毎日の中に幸せを見つけることも大切。
しかし、満足することなく、より深い豊かさを求めることも大切。

どちらでもいいのだが、自分を卑下(ひげ)することも、諦めることもなく、
都合のいい言い訳をすることもなく、
ただただ、心に素直に生きていきましょう。

あなたがより豊かになることは、みんなの幸せでもあります。
イキイキと人生を味わい尽くしている姿を、
次の時代を生きる子どもたちに見せてほしいな。

テーマ

11

世界を
広げる質問

レストランに入って、メニューが１つしかないと、
自分の気持ちに関係なく、それを選ぶしかありませんよね。
人生も同じです。

目の前にある選択肢を増やすことができると、
仕方ないから選ぶのではなく、
最高のものを選ぶことができます。
人生のメニューを増やしていきましょう。
それが自由ということです。

誰にも、何にも縛られることなく、
自由に自分の人生を謳歌しましょう。

301 → 305

NO.301

Q いろんな考え方があると感心した出来事は何ですか？

海外などに遊びに行くと驚かされることがある。

NO.302

Q 価値観って何ですか？

価値観とは、何を大切にしているかという優先順位。

NO.303

Q あなたが大切にしていることは何ですか？

人の数だけ、いい人や、いい人生の定義がある。

NO.304

Q これだけは譲れないというこだわりは何ですか？

気づかないうちに、自分の中に小さなこだわりがたくさんできている。

NO.305

Q こだわりがあると、どんないいことがありますか？

こだわりが強いと何も考えなくてもいいから、楽に生きていける。

306 → 310

NO.306　Q こだわりがあると、どんなよくないことがありますか？

こだわりが強いと、他の可能性が全部なくなっていく。

NO.307　Q 受け入れると受け止めるは、どう違いますか？

受け入れるは賛同、受け止めるは承認。
受け止めるものを増やしていこう。

NO.308　Q 選択肢が多いと、どんないいことがありますか？

そのときの状況に応じて、ベストを自由に選択できる。

NO.309　Q 何を基準に決断しますか？

選択肢が多いと迷う。
しかし、自分を知っていれば迷うことはない。

NO.310　Q 豊かさって何ですか？

一人暮らしの部屋に、小さな花を買って帰るような人で
ありたい。

151

311 → 315

NO.311

Q 何でも知れるとしたら、何を知りたいですか？

未来のことや、あの人の気持ちなど、わからないからこそ
楽しいこともある。

NO.312

Q これまでに経験していないことは何ですか？

経験していないことは、全部、未来の可能性。

NO.313

Q どんな経験をしてみたいですか？

どんな些細な経験でも、意識ひとつで、人生の糧になる。

NO.314

Q 知らないことは何ですか？

問題なのは知らないことではなく、知ろうとしないこと。

NO.315

Q 普段、出会わない人は、どんな人ですか？

自分と違う世界を生きている人と出会うと、
未来の可能性が一気に広がる。

316 → 320

NO.316

Q あなたの一歩先を生きている人は誰ですか?

同じ価値観をもってうまく生きている人と出会うと、
「このままでいいんだ」と安心できる。

NO.317

Q これまで意図的に避けてきたことは何ですか?

よくないと思っていることに手を出してみると、
世界が変わっていく。

NO.318

Q もっとも美しいと思うものは何ですか?

美しいものに触れることは、あなたの豊かさになっていく。

NO.319

Q もっとも醜いと思うものは何ですか?

醜いものを知ることも、あなたの深さにつながっていく。

NO.320

Q 大切な人は、どんな夢を持っていますか?

世界が広くなると、想像できることも広くなる。
夢も大きくなる。

321 → 325

NO.**321**　**Q** 矛盾していると感じていることは何ですか？

人生は矛盾だらけだ。だから楽しい。

NO.**322**　**Q** 眠れないほど悩んだことは何ですか？

眠れぬ夜の分だけ、人は優しくなれる。

NO.**323**　**Q** 「もう無理かも……」と感じたことは何ですか？

限界なのではない、生きてる世界が狭いだけ。

NO.**324**　**Q** どんな場所に身を置きたいですか？

植物は鉢の大きさに合わせて成長する。

NO.**325**　**Q** これまでに、どんな失敗をしてきましたか？

経験するほどに怖れは少なくなり、
許せるようになっていく。

326 → 330

NO.**326** Q 不測の事態が起きたとき、どうやって楽しみに変えますか？

計算高くなることも大切だけど、人生の醍醐味は
計算できないところにある。

NO.**327** Q あなたの毎日を知りたい人は誰ですか？

あなたの些細な毎日は、誰かの希望の灯りかもしれない。

NO.**328** Q 周りの人にあなたが伝えられることは何ですか？

学んでばかりだけだと便秘になる。

NO.**329** Q どうすれば、世界を広げていくことができますか？

人は知っている世界の中でしか、リアルには生きられない。

NO.**330** Q 今日は、どんな新しいことをしてみますか？

毎日1つ、新しいことをやってみよう。

世界を広げて、自由に生きよう。

数少ない中から、「仕方ないか……」と1つを選ぶのか。
数え切れない中から、「これだ！」という1つを選ぶのか。
それだけで、あなたの納得感も、
手にする豊かさも大きく変わってきます。

ちょっと勇気がいるかもしれないけれど、
「変わらない毎日」から少しだけ抜け出してみよう。
抜け出してみて、世界の広さを知ることは楽しいと
気づけるのです。

そして今、本当に心を痛めて悩んでいることも、
明日には、笑い話になっているかもしれません。

テーマ

12

未来を
創造する質問

よりよい未来をつくっていきましょう。

今に満足している人も、そうでない人も、
よりよい未来があります。

同じことを考え、同じものを選び、同じ行動をしていたのでは、
同じ毎日になって当たり前です。
何かを変えていきましょう。

「いつか、誰かが……」ではなく、
今、あなたの手で未来はつくられていくのです。

331 → 335

NO.331

Q すでに、どんな幸せがありますか？

自分の未来をつくれる環境にいること自体が、幸せ。

NO.332

Q これまでに叶えてきたことは何ですか？

誰もが、昨日まで望んでいた今日を生きている。
夢を叶えることは難しくない。

NO.333

Q 何を捨てますか？

まずは捨てること。空いたスペースに何か新しいものが
自然と入ってくる。

NO.334

Q 叶わなかったことは何ですか？

得られなかった道を憂いても仕方ない。
今、ここの道が、最善の道。

NO.335

Q 叶わなかった理由は何ですか？

叶わなかった夢の数だけ、本当の夢が磨かれていく。

336 → 340

NO.336

Q 「私にはできないかも……」と、まだチャレンジしてないことは何ですか？

できないの中には、やってみる楽しさが隠れてる。

NO.337

Q どうすれば、夢への一歩を踏み出せますか？

あなたは夢想家なのか、評論家なのか、実践者なのか。

NO.338

Q どんな未来を手にしたいですか？

「まずまず」を生きるか。「最高」を求め続けるか。

NO.339

Q あなたが、心からやりたいと思えることは何ですか？

「できるから」「求められるから」「儲かるから」ではなく、やりたいから。

NO.340

Q それは、本当にあなたが望んでいることですか？

知るべきは、流行りでもみんなの考えでもなく、自分の気持ち。

341 → 345

NO.341

Q 何のために、その夢を叶えたいのですか？

「なんのために」を時々メンテナンスしないから、道に迷うことになる。

NO.342

Q 夢にチャレンジすることに、どんな不安がありますか？

ワクワク感を大切に、不安に追いつかれない速さで進んでいけばいい。

NO.343

Q 今を変えていくことに、どんな怖れがありますか？

怖れずにドロップアウトすればいい。すぐに、より心地よい道ができるだけ。

NO.344

Q どうすれば、自信が生まれますか？

一歩を踏み出す勇気なんてどこにもない。ワクワクが足りてないだけ。

NO.345

Q どうすれば、理想の状態に近づけますか？

霧がかかって山頂が見えなくても、目の前の一歩を重ねていくことで到達できる。

346 → 350

NO.346

Q 夢を叶えるために、他にどんな方法がありますか？

ダメなら、違うやり方をすればいいだけ。

NO.347

Q もし叶わないとしたら、何が原因だと思いますか？

できない理由は、やらない言い訳でしかない。

NO.348

Q 助けてくれる人は誰ですか？

遠慮しなくていい。あなたの未来を一緒に楽しめる
人がいる。幸せはみんなのもの。

NO.349

Q どうすれば、夢が叶うまでの道を楽しめますか？

夢は叶うことよりも、その道中に味わいがある。

NO.350

Q あなたが幸せになると、周りはどんな反応をすると思います
か？

あなたの幸せにイヤな気持ちになる人がいるかも
しれないけれど、遠慮する必要はない。

161

351 → 355

NO.351

Q どうすれば、すぐに行動できるようになりますか?

気持ちの整理をしてる間にチャンスは去っていく。
いつでも動き出せる用意を。

NO.352

Q どうすれば「できる!」と思えますか?

才能なんて必要ない。必要なのは好奇心。

NO.353

Q どんな力を手にしたいですか?

ネコが叫んでも、トラには泣いてるようにしか聞こえない。

NO.354

Q あなたに与えられている役割は何ですか?

やりたいことを見つけるのもいいけれど、
やってるうちに本気になることもある。

NO.355

Q 勇気がいる選択は何ですか?

進むでも逃げるでもいい。勇気がいる選択を。

356 → 360

NO.**356**

Q どんな失敗をしたいですか？

失敗を怖れていないで、失敗しても立ち上がればいい。

NO.**357**

Q ベストなタイミングが来るまで、どんな準備をしますか？

凍える地面の下で、春に咲く花は力を蓄えている。

NO.**358**

Q 描いている未来の、その先には何がありますか？

夢は叶った途端に現実だ。その先を見据えておかないとね。

NO.**359**

Q どうやって、やる気を保ちますか？

3日坊主になったら、やる気になったときから4日目を始めればいい。

NO.**360**

Q どんな一歩を踏み出しますか？

準備万端を望むから、いつまでもスタートできない。スタートしてから必要なものを集めればいい。

163

上を向いて、歩いていこう。

どんな人も、生まれたときから、やったことがないことに
チャレンジすることを繰り返して大人になってきました。
それは、単純な好奇心などのワクワクする気持ちが
大きかったからできたのでしょう。

大人になっても、その気持ちを大切にしましょう。
できるかどうかではなく、上を向いているかどうかが大切なのです。
人は何歳からでも、どんな環境からでも、上を向いて、
人生をよりよくしていけます。

あなたが諦めたら、誰も、あなたを幸せにはできません。
どうか、自分を幸せにすることからは逃げ出さないでくださいね。

疲れたときには、休めばいい。
納得いかないときには、グチればいい。
悲しいときには、泣けばいい。

それでも、また上を向いて歩いていきましょう。

最後の質問

NO.361 Q 12の物語、どの物語が心に響きましたか？

NO.362 Q もっとも好きな絵は、どれですか？

NO.363 Q もっとも好きな絵を見ていると、どんな気持ちになりますか？

NO.364 Q 質問に答えてみて、あなたが得たものや気づいたことは何ですか？

NO.365 Q この本を誰に贈りたいですか？

自分の人生に
夢中になろう

僕は、人生でやるべきことがあります。
それは、最高の「自分」を生きること。

誰かの目を気にして、本音を押し殺してしまったり、
誰かの声に耳を傾けすぎて、自分の気持ちをないがしろにしたり、
1人になることを怖れて、自分を失ってしまったり、
誰かの悪口を言ったり、妬んだり、バカにしたり……。
そんなことをする時間は、僕にはありません。

「幸せをつくっていくこと」が、人生を通してやりたいことであって、
「不幸を生み出していくこと」がしたいわけではないのです。

どんな未来をつくっていくかは、あなた次第です。

僕は、自分の幸せをつくっていく道の上で、
きっと多くの人が幸せを感じてくれると信じて、
毎日を生きています。

1人ひとりが、ひとつでも多くの幸せを生み出すことに
夢中になれる世の中がいいな。
そんな希望を胸に、この本を書かせて頂きました。
あなたと、あなたの大切な人の人生に刻まれる1冊になると
嬉しいです。

僕は、僕の人生を最高のものにしていきます。
ぜひ、あなたもあなたの人生を最高のものにしてくださいね！

*

最後に、この本に素敵な絵を寄せてくださった牛嶋浩美さん。
僕の文章の意図を僕自身よりも深く読み取ってくださり、
言葉では表現できないものを、目に見える形にしてくださいました。
おかげさまで、より美しく、より深いメッセージに育っていきました。
ありがとうございます。

担当編集の小林薫さん。僕の想いに共感してくださり、
こうして本という形にしてくださいました。
おかげさまで、多くの人に幸せのきっかけを届けることができます。
ありがとうございます。

そして、いつも一緒に活動してくれて、
僕の喜びや勇気になっている「ハナサクパートナー」の仲間たち。
僕に質問を教えてくださったマツダミヒロさん。
いつも大きな愛で支えてくれている家族。
こうして、この本を手に取ってくださったあなたにも、
心から感謝をしています。ありがとうございます。

ハナサワ・クラブの紹介

本当の幸せってなんだろう？
自分の人生、どう生きていこう？
私らしさってなんだろう？
最高の仕事って？

その答えを一緒に見つけていきませんか？

「"らしさ"を大切に、未来を創る」をテーマに自分に問いかけ、自分に素直に生きていく人を応援する活動をしています。一般向けのワークショップや企業研修、小学校から大学の授業まで、質問を通して1人でも多くの方が自分らしい花を咲かせていくきっかけをお届けしています。あなたも一緒に活動しませんか？　詳しくは、http://hanasaku.love をご覧ください。

一緒に活動をしている全国の仲間たち
（五十音順、敬称略）

青木哲男	井上仁美	金丸貴和
青木美穂	大野真理	川前美恵子
青山君子	尾口弥生	菊池颯花
あんどうとしえ	大木 華	合田敏子
石倉美佳	大澤智美	小嶋梨花
生田亜矢子	織田里英子	小溝 薫
生田 繁	オノデラマサト	坂田恭子

坂本篤彦　　浜崎智賀子　　古庄真樹
坂本京子　　姫野有美　　小林朋広
坂本則和　　姫松阿由美　　佐藤桃子
山藤紗名英　　平原了一　　佐藤光世
椎葉彰典　　藤井康裕　　杉田春美
設楽典宏　　藤波直美　　杉山智昭
嶋田恵子　　古川尚人　　高木佐都美
嶋野一人　　古橋雄二　　高木洋平
白石和子　　増本紗里　　高本みはる
庄崎由紀　　松井貴子　　田渕智子
陣野恵里　　松田紗也加　　玉井洋子
じんのひろこ　　松本 壽　　土居 剛
杉原舞子　　丸山優子　　堂柿美保子
鈴木佳久　　三浦由香　　床井美香
鈴木千春　　三宅肇子　　冨田晶子
瀬尾麻梨奈　　元重由起子　　中野泰治
高岡忠宏　　諸岡紗織　　西尾公甫
高坂美穂　　諸 希恵　　野津陽子
高橋真里　　安田真紀子　　長谷川紫音
高橋裕子　　谷田美奈子　　馬場 宏
瀧澤孝子　　矢箆原浩介　　姫松千秋
たしろあん　　山口光美　　福岡千夏
田中明美　　山﨑浩恵　　牧田明美
田中真弓　　山本麻知代　　馬渕温子
谷川陽介　　山分実樹　　皆川紘子
寺本美乃里　　よしたけちほ　　宮原正敏
時光 希　　相原由佳　　棟広渓子
とみたあきこ　　石田聖訓　　森 典子
長澤郁子　　岩田耕平　　山下義之
なかしまうらら　　上村健斗　　山本千鶴
永田知樹　　大城 貢　　山村 愛
中村静江　　岡田知恵　　吉岡 亨
西 順子　　金丸貴和　　吉澤 強
橋本博子　　川田美沙子
長谷川修　　城戸博文

河田真誠（かわだ・しんせい）

1976年生まれ。質問家。生き方や考え方、働き方などの悩みや問題を質問を通して解決に導く「しつもんの専門家」として、企業研修や学校で授業を行なっている。主な著書に『人生、このままでいいの？　最高の未来をつくる11の質問』『人生、このままでいいの？　最高の未来をつくる11の質問ノート』（CCCメディアハウス）、『私らしくわがままに本当の幸せと出逢う100の質問』（A-Works）、『悩みが武器になる働き方　20代の今、考えておきたい仕事のコト』（徳間書店）など。

http://shinsei-kawada.com/

絵・牛嶋浩美（うしじま・ひろみ）

1964年生まれ。イラストレーター。大学で国際関係・国際問題を学び、在学中に絵でメッセージを伝えることを決意。日本ユニセフ協会のカードの挿画で知られている。主な本に『ちきゅうからのしつもん』（日本ユニセフ協会）など。

http://ushijimahiromi.com/

装丁＋本文デザイン　藤塚尚子（e to kumi）
校正　大場詩子

カギのないトビラ
あなたのままで幸せになる 12 の物語

2019 年 12 月 21 日　初版発行

著者　　河田真誠
絵　　　牛嶋浩美
発行者　小林圭太
発行所　株式会社 CCC メディアハウス
　　　　〒 141-8205　東京都品川区上大崎 3 丁目 1 番 1 号
電話　販売　03-5436-5721
　　　編集　03-5436-5735
　　　http://books.cccmh.co.jp

印刷・製本　株式会社新藤慶昌堂

©Shinsei Kawada, Hiromi Ushijima, 2019 Printed in Japan
ISBN978-4-484- 19241-3
落丁・乱丁本はお取替えいたします。
本書掲載のイラスト・図版の無断複製・転載を禁じます。

CCCメディアハウスの本

人生、このままでいいの？
最高の未来をつくる 11 の質問

河田真誠［著］

「わがまま」とは、
自分らしく生きること。

「こんなはずじゃなかったのに……」と思ってないだろうか？
子供のときに夢見た「大人」になっているだろうか？
「こんなもんだ……」と諦めてないだろうか？

いい質問がよりよい人生を導く。

1500円　ISBN978-4-484-18226-1　　＊定価には別途税が加算されます。